Es gibt immer wieder Themen - Inhalte,

die einladen zum

Anhalten – Verweilen – genauer hinschauen...

In diesem Buch – **Band 2** – habe ich die daraus

entstandenen Gedanken, die mich bewegt haben

aufgeschrieben

und mit eigenen Bildern gestaltet.

„S T A T I O N E N "

zum

Anhalten – Innehalten – Verweilen

Stecken geblieben

Manchmal möchte ich gehen
Und nichts mehr sehen von dem, was so passiert
Aufstehen und marschieren
Schaffen und funktionieren
Bringt nicht weiter
Andere Inhalte müssen her
Die zu finden ist schwer
Zumal wenn der Riegel davor ist
Gut ist es, daß jemand da ist, der wartet, der mich
braucht
Dann weiß ich wofür ich da bin
Und starte leichter ins Leben, so daß es nicht schlaucht

Manchmal brauche ich lange Zeit
Und schaue auf andere voller Neid
Auf diejenigen, die es schneller schaffen als ich
So jemanden wie mich
Gibt es nicht noch mal
Ein Ruck – und raus dem Tal

Manchmal möchte ich gehen
Und nichts mehr sehen von dem was so passiert

Das, was ich baruche ist Bewegung und Pausen
Anerkennung und Lob
Zwischendurch auch ein kleiner Stop
Um meine „Maschine" wieder neu zu starten
Damit manch andere nicht auf mich so lange warten
Es ist nicht leicht ab und zu alleine auf der Welt zu sein
Es gibt mehr Schwung zu zweien und zu dreien
Trotzdem – dauernd unterwegs zu sein
Statt nur allein
Ist auch nicht fein
Was ich erreichen will ist eine gleichmäßige Einstellung
zum Leben
Das muß ich wohl selbst finden, daß wird mir keiner geben
Dann kann ich wieder sehen was passiert ... und damit
umgehen

Maßnahmen zum Weiterkommen

Laßt euch gegenseitig gelten

Ohne zu schelten

Sich gegenseitig annehmen, so wie wir sind

Gelten lassen – so wie ein Kind,

dem die Möglichkeit gegeben ist sich zu entwickeln

Am Wachsen und groß werden sollte ich es nicht hindern

Ich könnte sonst die Anfänge der Entwicklungen plündern

Das Ganze braucht seine Zeit und Geduld

Es ist keine Hilfe die Schuld zu suchen bei anderen

Leben und Entwicklung heißt wandern

Immer in Bewegung sein

Nicht nur zum Schein

Sondern auf einer Linie zum Ziel

Das hilft viel

Eingebunden

Von vorne, von hinten, von rechts, von llinks
Umhüllt – eingebunden
Keine Möglichkeit der Zufügung von Wunden

Gefunden wieder von früher die Hülle
Es war ein anderes Leben in Fülle

Die Hülle von früher fühlt sich jetzt anders an

Mit Wärme – Schutz – aufbewahrt in der Hülle auf Zeit
Ich habe das Gefühl, die andere Wirklichkeit ist nicht mehr
weit

Dieses Gefühl will ich mitnehmen, aufbewahren für rauhe
Zeiten
Um nicht mehr so schnell abzugleiten

Der kleine Vogel

Jeden Tag um dieselbe Zeit ist es soweit
Er fliegt immer auf denselben Platz vor dem Vogelhaus

Da sitzt er und wartet
Bewegt sich nicht – kaum sieht man ihn
So starr sitzt er auf seinem Ast

Ganz ohne Hast und Eile
Sitzt er da – eine ganze Weile
Es wird still um ihn herum, keiner soll ihn sehen
Bis er startet
In sein Vogelhaus
Es ist sein Ruhekissen für die Nacht
Keiner soll es wissen

Vogelfrei

Die Nachricht kam eigentlich nicht unerwartet
Doch wollte ich es wirklich wissen
Ob ich mich immer noch „ausruhen" muß auf meinem
„unfreiwilligen" Ruhekissen

Die Nachricht kam – ich bin frei
nicht mehr gebunden an die Macht
Die mich hat dazu gebracht
Mich nicht mehr frei zu bewegen

Es ist ein Segen frei zu sein
Ich habe um mich eine freie Sicht
Spüre die Luft, die mich umgibt – sehe das Licht

Habe nicht mehr das Gefühl fest zu sitzen
Brauche nicht mehr Angst zu haben und zu schwitzen

Brauche nicht mehr auf andere warten
Kann jetzt selber starten

Kann meinen „Garten" selber besorgen
Und brauche nicht mehr zu warten auf morgen

Der Zugang zu meinen eigenen Kräften ist wieder frei
Es ist wieder Zeit neu zu beginnen
Die Zeit baraucht nicht mehr nur so verinnen
Neue Inhalte kann ich wagen
Ohne andere zu fragen

Frei sein wie der Vogel im Wind
Vogel flieg – geschwind

Sich neu entdecken

Sich wieder neu entdecken
Wieder verborgene Fähigkeiten wecken
Dazu wäre es wieder einmal Zeit

Nicht verscharren und vergraben
Sich an Neues wagen
Dazu bin ich wieder bereit

Offen werden für neue Dinge
Sich nicht dazu zwingen

Zeit lassen um anzukommen
Dann entsteht Klarheit
Die Welt ist nicht mehr verschwommen

Der dicke Kloß wird nicht zu Brei
Die Kraft zu verschwenden um den Kloß zu lösen ist
vorbei
Er löst sich von allein

Das, was dabei zu Tage tritt sind vergessene Schätze
Der Schlüssel zur vergrabenen Schatzkiste ist gefunden
Die Ängste und Sorgen überwunden

Es gilt die Schätze nicht zu verlieren
Sondern sie zu orten, ordnen und sortieren
Sie neu gestalten und ordentlich zu verwalten

Die wiedergefundenen Kräfte nicht zu verschwenden
Sondern bewußt anzuwenden
Um die neue Fülle zu erleben

Vielleicht auch manchmal darüber zu schweben

Die scharz`Amsel

Es stimmt – die Amsel singt
Melodien, die sich aufschreiben lassen
Manch einer kann dies nicht fassen
Aber es stimmt
Ich kenne so eine Melodie

Früher haben wir sie zusammen oft gespielt
Den Flügelschlag der Amsel dabei gefühlt

Noch heute bleib ich beim Gesang der Amsel stehn
Bei solchen Klängen kann ich nicht weiter gehen
Seh ihr nach und pfeif zurück
Dieselbe Melodie

Manchmal kommt dieselbe Melodie zurück, manchmal
etwas anders

Was die Melodien bedeuten hab`ich mich oft gefragt
Bisher hat`s mir noch keine Amsel gesagt
Aber denken könnt ich`s mir
Ich pfeif einfach mit ihr
Dasselbe Lied

Ob es eine Aufmunterung, ein Gruß oder sonst
irgendetwas ist
Wir haben uns unterhalten
Irgendwann wird sich ein neues „Gespräch" entfalten

Amseln sind Lebewesen so wie wir
Zwischen Tier und Mensch gibt es Verbindungen
Manch einer kommt durch diese „Windungen" nicht durch
Läßt seine angeborenen Fähigkeiten der Wahrnehmung
schlummern

Doch wer es weiß damit umzugehen
Kann unglaubliche Dinge hören und sehen

Der Spatz

Lang hab i g`wart auf`n Spatz
Zerst hat er sie einidruckt in`d Eckn
Dann macht er wieder nach vorn an Satz
I war leise und wollt ihn net erschreck`n
Und da is er gsess`n vor seim Loch

Den Schnabel hat er aufgrissn als wollt er sagn
Es hat no net Zwölfe gschlagn
Aber meine Jungen schrein nach mir
So sitz i vor der Tür und schaug nach dem Rechten

S`Futter hat er a mitbracht
Es wär ja glacht
Wenn i net meine Pflichten nachkäm`
Sonst miaßat i mi ja schäm`n

Ehemals

Ehemals hatte sich folgendes zugetragen:
Eine Frau erzog 75 Plagen
Zusätzlich Eltern

Sie stand allein auf weiter Flur
Nur
Sie kam nicht weit

Sie wurde gemobbt von allen Seiten
Es lohnte sich nicht mit denen zu streiten

Die Kraft war am Ende
Dann kam die Wende

Die Belastung war zu stark und sie wurde krank
Sie hatte sich für alle eingesetzt

Und

Es kam kein Dank

Manche Leute in der Kirche meinen die Macht zu haben
Die Fähigkeiten von Menschen zu untergraben
Sie zur Seite zu stellen und sie auch noch „anzubellen"

Die Moral von der Geschicht

Verlass`dich auf solche Leute nicht

Sonst bleibst du ein kleiner unscheinbarer Wicht

Ecken und Kanten

Eingefräste Rilllen
Eingewickelt in Hüllen
Nicht zu sehen
Ausgepackt
Eingezackt
Steif und hart

Außen herum mit Rand
Eingezackt immer entlang der Wand
Mit Ecken und Kanten immer im Kreis
Wie lange noch
Wer weiß

Warten von außen auf einen Stoß
Damit er rutscht
Im Hals der Kloß

Um heraus zu kommen
Erst ganz benommen
Dann das Gefühl bekommen
Ich bin angekommen
Vielleicht auch angenommen

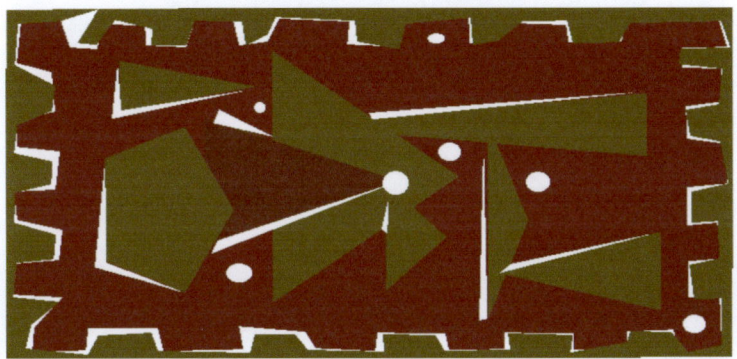

Lebenslinien

Die Linien des Lebens gehen verschiedene Wege
Sie gehen gerade – krumm –
Im Kreise herum
Sie kreuzen sich – gehen nebeneinander her
Die „richtigen" Wege zu finden ist manchmal schwer

Ich habe die Fähigkeiten zu hören – zu sehen
Stehen zu bleiben – auch mal rückwärts zu gehen

Ich kann Steine und Barrieren auf meinem Weg spüren
Brauche keine großen Sprünge zu vollführen
Um sie zu beseitigen

Denn
Ich habe eine innere Kraft die ich kennen und lieben
gelernt habe
Eine Kraft, die es schafft
Meine Wege zu finden und zu gehen

Manchmal kommt die Kraft von außen
Sie vermittelt das Gefühl, nicht allein gelassen zu sein
Es ist kein Gefühl nur so zum Schein
Ich fühle mich sogar stückweise darin geborgen

Umgeben sein von Kraft stärkt den Untergrund
In die Äste fließt Saft
Der hilft, neue Wege zu sehen, zu gehen und zu gestalten

Sehnsucht

Sehnsucht nach Wärme
Sehnsucht nach Licht

Dann bekommt das Leben wieder ein anderes Gewicht

Durch den alltäglichen Trott wird es um mich herum enger
Die Tage werden länger

Kürzer die Zeit um etwas für mich zu tun
Es wäre höchste Zeit mich mal wieder auszuruhn
Es gibt so viel zu tun

Wo fange ich an
Immer erst sind die anderen dran

Wo bleibe ich

Was hält mich anzuhalten
Um zu lernen mich selbst zu verwalten

Eigentlich bin ich autark und gebe mich den anderen
gegenüber stark

Dies aber lange durchzuhalten braucht Kraft
Ob ich das schaff`

Oder

Doch für mich allein eine Zeit in Anspruch zu nehmen

Zu sortieren
Um wieder zu marschieren durchs Leben

Aufzutanken
Um dann ohne zu wanken die nächsten Schritte zu tun

Auszuruhn
Um meinen Reservetopf aufzufüllen
Mich nicht in die Sehnsucht einzuhüllen
Auch nicht nur zum Schein

Ich kann`s auch allein!!!

Besuch

Ein Besuch aus alten Zeiten
Macht wieder neue Türen auf und weit
Das, worüber man spricht bekommt ein anderes Gewicht
Vieles sieht man mit Abstand aus einer neuen Sicht

Manchmal ist es als wäre alles gestern gewesen
Das Fundament auf dem ich bisher stand
Bröckelt nicht ab
Sondern

Baut sich auf zu einer neuen Wand
Die gebaut ist aus festem Stein
Und sich vermischt mit dem Gefühl daheim zu sein

Geduldprobe

Schmerzen durchziehen die Nervenbahnen
Es wird kalt – und wieder heiß
Auf der Stirne steht der Schweiß

Unruhe macht sich breit
Ich verliere den Blick für die Weite
Ich stehe kraftlos vor einer Wand
Sie schützt mich noch vor des Abgrundes Rand

Ich möchte wieder aufrecht gehen
Nicht mehr ohnmächtig sein – durch die Wand sehen

Möchte mich an die Schutzwand lehnen

Die Schmerzen sind da
Ich kann sie nicht überwinden, muß sie akzeptieren
Muß warten und darf die Geduld nicht verlieren
Bis sich die Schmerzen „verziehen"

Erst dann habe ich wieder die Kraft für den Blick durch
die Wand
Verschwunden ist der Abgrund – der Rand
Eine neue Weite tut sich auf
Brauche mich nirgends mehr festhalten
Und
Habe wieder Zeit,meine Wege neu zu gestalten

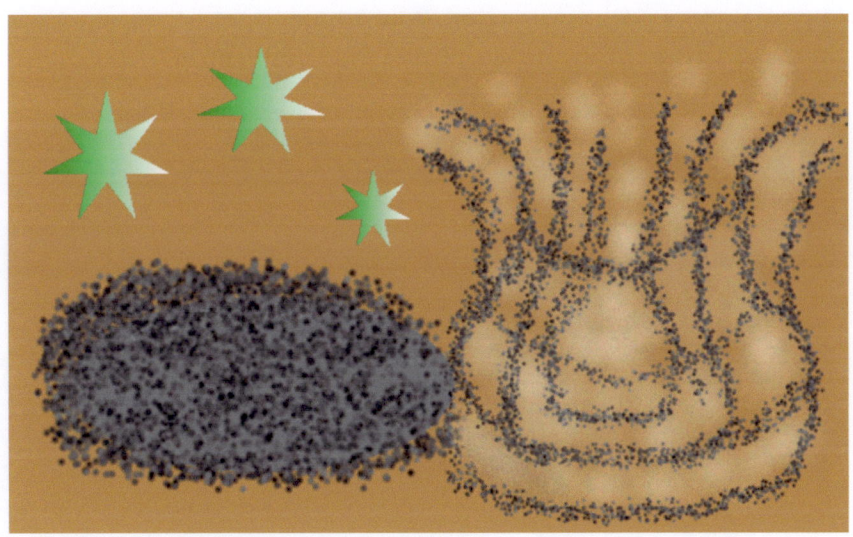

Leer l auf

Antriebslos
Den Gang nicht gefunden
Die Müdigkeit nicht überwunden
Leer ist der Topf
Keinen Schwung sich selbst zu packen am Schopf

Die Zeit läuft dahin
Ohne Gewinn
Der Akku ist leer
Wo kommt nur der neue Antrieb her

Grübeln und schlechtes Gewissen als Plage
Die Zeit vergeht
Schade

Da kommt die Idee, dies aufzuschreiben
Um damit die Zeit zu vertreiben –

Der Topf war doch nicht leer

Nachschub rollt an
Nun den ersten Gang einlegen

Von wegen

So schnell geht`s nicht

Doch

Der Antrieb bekommt ein neues Gewicht

Der Motor fängt wieder an zu „laufen"
Ich kann aufhören mir die Haare zu raufen

Die Welt sieht wieder anders aus

Ich bin aus dem Leerlauf wieder raus

Herbst

So bunt wie in diesem Jahr war es noch nie in unserem
Garten Wir mußten lange auf diese volle Pracht warten
Jeder Tag ist ein Genuß

Das bunte Laub sendet uns jeden Tag neu den Gruß
Vom goldenen Herbst

Die goldene Pracht hält diesmal lange an

So dann und wann
Sieht es so aus, als wollte der Herbst bleiben
Und noch lange vermeiden
Daß die dunkle Jahreszeit beginnt

Aber so langsam meldet sich der Wind
Er treibt die goldene Pracht von den Bäumen
Und will es nicht versäumen
Daß die Bäume von neuem
Ihre Kraft sammeln für die Frühlingszeit

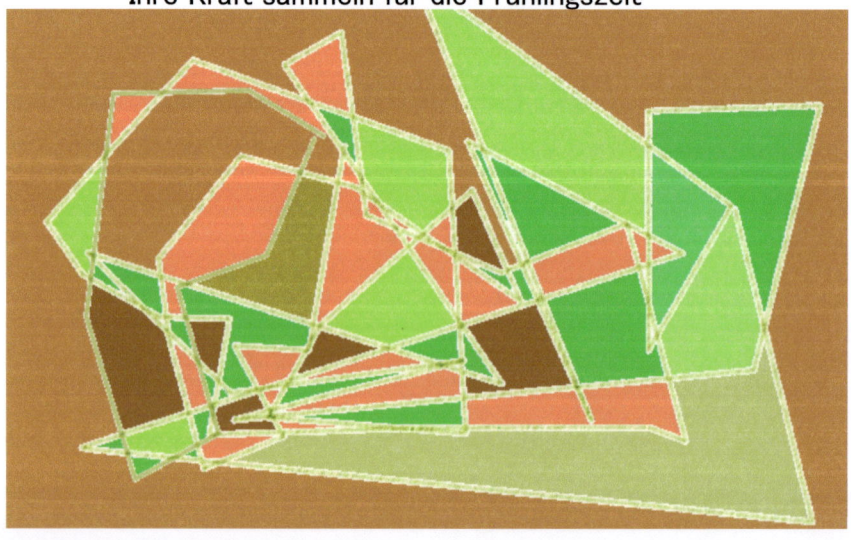

Neue Triebe aus alten Wurzeln

Neue Triebe konnten wieder wachsen und sich entfalten
Sie waren in der Wurzel versteckt – aber noch gut
erhalten
Neue Triebe haben Nahrung bekommen
Und dadurch einen leeren Ast erklommen

Der Stamm verändert sich – er ist von neuem Leben
umgeben

Das Leben wird inhaltlich wieder reicher
Das, was eingepackt war in Kisten auf dem Speicher
Bekommt wieder einen neuen Sinn
Eigentlich war dieser schon immer in den Kisten drin
Nur – verloren gegangen war der Antrieb diese Kisten
auszupacken

Es ist nicht vergebens
Sich immer wieder nach den alten Wurzeln hin zu begeben
Verändert hat sich wieder das Bild des Lebens

Veränderung läßt Spannung entstehen
Auf das, was sich neu entwickelt aus den eingepackten
Kisten
Neuen Wind laß ich mir um die Nase wehen
Den „nackten" Stamm werde ich nicht vermissen

Das Laufrad

Aufgewirbelt durch Stress
Aufgesaugt von den Problemen anderer
Ausgelaugt – Schmerzen verraten diesen Zustand
Keine Kraft mehr
Von den anderen abgewandt

In das Laufrad hineingezogen
Wie von Spinnweben umwoben
Immer enger werden die Kreise

Der Körper sagt: „H a l t   e i n!"

Ich vernehme sein Klagen
Höre die anderen s t o p sagen

Habe keine Kraft mehr inne zu halten
Um auf eine andere Wellenlänge umzuschalten

Das Laufrad läßt mich noch nicht los

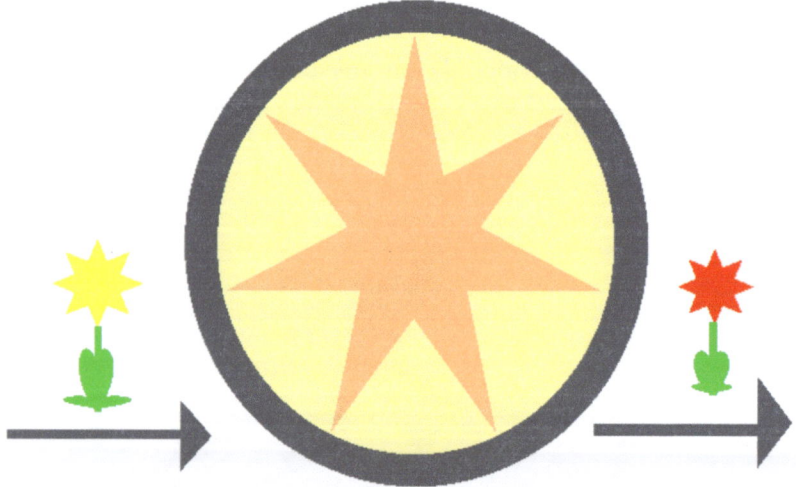

Doch gibt es viele Möglichkeiten
Den jetzigen Weg umzuleiten:

Loslassen um inne zu halten
Mich nicht mit aller Gewalt selbst verwalten

Ich kann los lassen um meiner elbst willen
Um ein wenig Zeit zu haben m e i n e Bedürfnisse zu
stillen

Alles auf einmal werde ich nicht erreichen
Aber dem Laufrad kann ich Stück für Stück entweichen

Kann wieder lernen mich selbst zu finden und zu lieben
Wieder lernen, den inneren Frieden zu kriegen

Zu viel „Gedöns "

Ach, was sind wir Erwachsenen manchmal dumm
Wir eiern wegen ein paar Kleinigkeiten rum

Wenn der eine sagt: „nein"
Dann soll es halt so sein

Es ist zwar schade – es tut vielleicht auch weh
Manchmal vom Kopf bis zur Zeh

Jedoch es tut gut auch mal „nein" zu sagen – es befreit
Schafft Platz für etwas Neues

Nimm dir dafür Zeit

Zeit öffnet sicher auch den Blick für die Ewigkeit

Grundausstattung

Sonne – Wärme – Licht
Manche haben so was nicht

Geduld – Kontaktfähigkeit
Manche brauchen dazu viel Zeit

Liebe – Vertrauen
Dieses aufzubauen
Braucht Erfahrung
Dieses durchzuhalten braucht Mut
Sich davon abzuwenden tut selten gut

Flexibilität und Bewegung
Hält den Körper in Schwung

Bis zum gesetzten Ziel durchzuhalten
Seine Fähigkeiten zu entfalten
Braucht Kraft

Sonne – Wärme – Licht
Ohne diese Grundasustattung funktioniert Leben nicht

Geheime Aktion

Ganz still und leise
So auf ihre Weise
Verzieh`n sie sich in die Kammer
Nicht wegen einem Katzenjammer

Es locken die Flaschen
Katzen wollen naschen

Der Inhalt der einen Flasche schmeckt nach Hollunder
Sehr süß dieses „Wunder"
Im Inhalt der nächsten Flasche steckt der Geist von
Brombeeren
Dagegen kann man sich nicht wehren
In der dritten Flasche ruht der Bärenfang
Schon ein ganzes Jahr lang
Den Walnußschnaps
Hol`s die Katz
Können sie auch nicht so stehen lassen

Einmal kann man sie ja alle vier abgrasen
Ohne hinterher zu wanken
Abschlecken tun sich die Nachkatzen danach noch ganz
oft ihre Pranken

Lustig war sie schon
Diese geheime Aktion!!!

Eingeschlafen – aufgewacht

Eingeschlafen mit Streicheleinheiten
Es war zur richtigen Zeit
Der Tumor war schon fortgeschritten
Das Ende sowieso nicht mehr weit

Mit dabei sein beim Hinübergehen
– wenn es in Ruhe geschieht –
Tut gut und ist gar nicht so schwer mit anzusehen

Danach kommt eine Welle der Gefühle
Traurig – nicht mehr gebunden sein – befreit
Für uns beide gibt es mehr Zeit

Es fehlt die freudige Begrüßung, das Bellen, das kleine
Leben
In der nächstne Zeit wird es das nicht mehr geben

Das, was zur Gewohnheit geworden ist einfach
verschwunden
Es wird gesagt: Die Zeit heilt alle Wunden

Es gehört zum Leben dieses Auf und Ab
Lernen, dies auszuhalten macht nicht schlapp
Es kann Auftrieb geben zu einem neuen Stück Leben

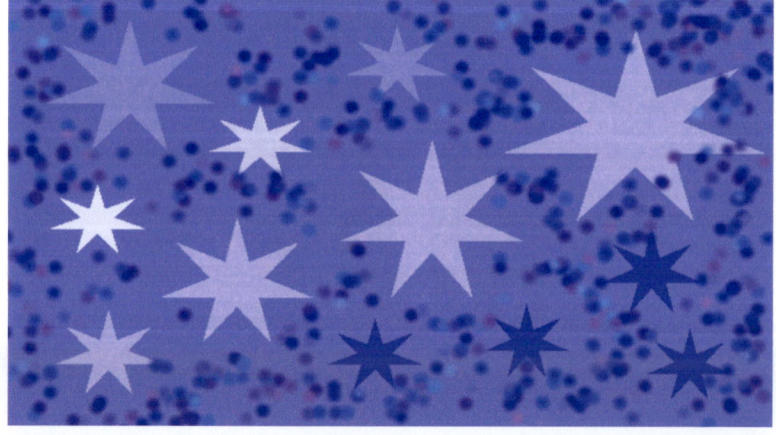

Zusammenwachsen

Zusammenwachsen gelingt
Es braucht dazu Geduld – Zeit
Nicht warten auf die Ewigkeit

Notwendig ist hinschauen
Sich trauen auch neue Wege zu gehen
Dann kann man Dinge sehen
Und Hintergründe verstehen

Wichtig ist dabei auch auf sich selbst zu schauen
Nicht nur den anderen vertrauen

Achten auf eigene Grenzen macht frei
Wenn der Partner geht für sich dieselben Schritte
Dann führt der Weg von beiden in die Mitte

Es passiert, daß im selben Momen
Jeder das gleiche denkt

Ohne viel Kraft geht der eine auf den anderen ein
Der eine fühlt sich beim anderen daheim

Zusammenwachsen braucht immer wieder neuen Mut
Wenn wir es dann schaffen, tut es unheimlich gut

Spuren

Menschen haben die Wahl auf der Erde viele Wege zu
gehen
Gerade – krumme – sich im Kreis drehen
Umwege, die wieder zurück an den Anfang führen
Noch mal los gehen und einen anderen Weg probieren?

Manchmal entsteht das Gefühl im Irrgarten zu sein
Sich nicht mehr orientieren können
Nichts mehr wissen – noch aus noch ein

Je nach Untergrund werden Spuren sichtbar
Dabei kommt es auf die Stärke des Tritt`s an
Von einem Kind – einer Frau – einem Mann
Manch einer folgt den vorausgegangenen Spuren und
merkt:
Zu gorß, zu klein
Wieder ein anderer tritt hinein
Pardauz
Und rutscht aus

Spuren sind auch abzulesen im Gesicht – an den Händen
Durch diverse Hinterlassenschaften
Unachtsamkeiten
Als Graffiti an den Wänden

Führen Spuren und Wege zum Ziel?
Ist dieser Gedanke schon zu viel?
Wege – nur um Wege zu gehen?
Wollte man ein Ziel am Ende des Weges sehen?

Das Ziel am Ende läßt den Ballast besser er – tragen
Manchmal ist dann auch ein kleienr Seitenweg zu wagen
Wenn nur der Untergrund stimmt
Die Zeit – sie rinnt.

Grübelfalle

Warum Frauen zu viel denken –

Es wird seinen Sinn schon haben

Wenn wir Frauen weniger denken, brauchen wir nicht so
viel tragen
Ab und zu könnten Männer vom Denken auch ein bißchen
mehr haben

Vielleicht sind wir Frauen doch manchmal klüger
Dabei auch oft mal die Sieger

Auch wenn die Männer dies nicht merken
Wir sind es trotzdem –
Denn wir haben nun mal diese Stärken

Auf uns Frauen lastet meist sehr viel
Männer haben da oft ein leichteres Spiel

Weil sie ja uns Frauen haben

Manchmal nützt es ihnen doch zu sagen,
daß wir sie für dieses und jenes gerne benutzen

Ganz selten auch mal zum Putzen

Wir Frauen können aber lernen, das Zu–viel–denken
einzuteilen
Zwischendurch auch bei Dingen verweilen
Die für uns selbst nützlich sind

Nicht nur das Aufpassen auf anderer Leute Kind

Dafür können wir schon bald etwas tun:

Uns von den gewesenen Strapazen ausruhn

Dann sehen wir im fortgeschrittenen Alter
Aus wie ein neu ausgeschlüpfter Falter

Frühling

Warten auf den Frühlilng
Auf Weite – Wärme – Licht
Warten - bis die Knospe aufbricht
Die schon so lange im Untergrund wartet
Bis sie zum Aufbruch startet

Die Zeit zum Aufbruch ist da

Die Gesichter,
besetzt noch mit starren Masken, unbeweglich und eng
verlangen nach der Kraft der Wärme
die die Starrheit sprengt

Den Anstoß zum Aufbruch gibt das Licht
Die Wärme – die Kraft

Wenn ich für beides offen bin
Dann hat es Sinn
Mich auf den Weg zu machen – zu gehen

Von dem, was ich bekommen habe
Kann ich anderen etwas weiter geben

Freundschaft

Daß eine Freundschaft über Jahrzehnte hält
Ist nicht mehr oft zu finden in unserer schnellebigen Welt

Sie ist entstanden durch berufliches Tun

Wir haben miteinander eine Kita aufgebaut
Waren für Kinder und Elternerziehung zuständig
Und haben auf den ganzen Menschen geschaut

Zwischen uns ist eine Freundschaft entstanden, die über
Jahre noch hält
Ich muß es noch mal betonen:
Dies kommt nicht mehr oft vor in unserer schnellebigen
Welt

Freundschaft und Miteinander heißt für uns gegenseitiges
Vertrauen

Die Möglichkeit zu haben auf die Fähigkeiten des anderen
zu bauen

Uns gegenseitig so anzunehmen wie wir sind

Die Freundschaft ist gewachsen und beständig geblieben

Wir haben uns nicht gemobbt und nicht zerrieben

Dafür gab es keinen Grund

Eine Freundschaft, die so lange hält ist gesund

Spiel - Sucht

Spielen und nicht aufhören können
Meinen, sich was Gutes zu gönnen

Es vergeht die Zeit
Zwischendurch denke ich: bist du noch gescheit
Anderes Tun bringt viel mehr

Nicht aufhören können, weil ich gewinnen kann
Es passiert ja so dann und wann
Daß es aufgeht das Spiel

Jedoch komme ich nicht immer ans Ziel

Ist es so, daß ich mich selber beweisen muß
Daß ich sagen kann, ich bin gut – oder spiele ich aus
Frust?

Ist Langeweile der Grund?
Langes Sitzen vor dem Computer ist auch nicht gesund

Spielen, damit die Zeit vergeht?
Wo doch zu einem anderen Inhalt ein besserer Wind weht

Es zieht mich immer wieder magisch an
Manchmal dauert es lange, bis ich es lassen kann

Spielen, um mich abzulenken
Um nicht an vorhandene Probleme zu denken

Spielen um sich abzureagieren
Ist besser als streiten statt die Lust an etwas anderem zu
verlieren
Konzentration ist beim Spielen gefragt
Sogleich als Übung angesagt
Es gibt positive und negative Seiten beim Spiel
Hauptsache, es verlangt von der kostbaren Zeit nicht zu
viel

Kleine Welt ganz groß

Der Ausflug ins „Wunderland der Eisenbahn"

Hat es mir mächtig angetan

Es ist wundervoll von oben die kleine Welt zu betrachten

Und nichts anderes mehr um mich herum kann ich
beachten

Die kleine Welt wirkt riesengroß

Der Anblick läßt mich nicht mehr los

Ich versinke buschtäblich in diese Welt

Das geht auch ohne viel Geld

Auf der anschließenden Hafenrundfahrt habe ich noch das
Gefühl

Ich befinde mich inmitten der kleinen Welt im Gewühl

Ich bin inmitten der großen Welt

Ganz klein geworden

Ein Wochenende bei Freunden

Annette hat eine Ente gebraten
Die ist ihr sehr gut geraten

Sie war wunderbar gefüllt
Und in den Duft von Honig gehüllt

Um die Ente lagen Maronen
Diesen Geschmack dabei zu haben wird sich immer lohnen

Als Beilage neue Kartoffeln und Rosenkohl
Dabei fühlt man sich erst so richtig wohl

So ein fulminöses Mittagessen
Werde ich so schnell nicht vergessen!

Übrigens war dieses ganze Wochenende so richtig zum
genießen

Der Spaziergang durch den Wald
Es war für die Jahreszeit noch mild und nicht kalt

Die Begegnung mit Caruso, Taiga ung Tito
Zwei Katzen und ein Hund
Allesamt gut erzogen und gesund

Wir fühlten uns wohl und zugehörig zur Familie!

Bei Freunden sollte das so sein
Und das war richtig fein!!!

Hängen bleiben

Gehen – Stehen – Ausruhn
Nicihts tun
Sich hängen lassen
Nichts anfassen

Nähe – Distanz
Alles nur halb – nichts ganz

Hin und her gerissen zwischen den beiden Polen
Hier und da ist nicht das zu holen
Was richtig unterstützt

Es nützt nichts
Dies eine oder das andere
Es nützt nichts
Wandern zwischen beiden und dann hängen bleiben

Sich zutrauen, den Untergrund zu fühlen
Statt hin und her zu wühlen
Es wagen, sich fallen zu lassen

Die Hängematte hält
Sie steht noch – die Welt

Ganz oben leuchtet ein Stern

Er ist hell

Er will mich treffen und beschützen

Ich laß ihn herein den Schein

Ich bin nicht mehr allein

Weilhnachtsmorgen

Der Nebel is weg
Die Sunn scheint
Es is fast Null Grad
Schad
Es fehlt der Schnee
Grad hab i des Gfühl
I miassat geh
Ganz weit
An wenns net schneit
Vielleicht in Wald
Des is dann net so kalt

D`Sunn leucht am Hausdach nauf
Er is in sei Stubn aufn Dachbodn rauf
Er will mailen einige Zeilen
I bin herunt noch eine Weile

I miassat bügeln
Hab koa Lust
Vielleicht sollt i mi zügeln
Und abbügeln den Frust
Der Tag - was wird er bringen
Wird des, was kummt gelingen

Zuversichtlich san mir allemal

Kummt a großer Berg
Schau i ins Tal

Und siag wia die Sunn ihren Schein ausbreitet

Und wia sich der dann ausweitet

Das neue Jahr

Ein neues Jahr
Was soll es bringen

Glück auf Erden
Keine körperlichen Beschwerden

Sonne – Licht – Leben
Das möge der Herrgott uns geben

Erwartungen werden formuliert
In der Hoffnung daß etwas passiert

Mir ist geschenkt das Leben

Ich kann mich entscheiden
Kann Dinge tun und vermeiden

Den Rest lege ich in Gottes Hand
Laß mich von ihm begleiten
Das Nächste Jahr – mein Leben lang

Der Koffer

Er stand mitten auf der Straße, nicht an der Wand
Einen Koffer hatte er in der Hand
Ich wollte wissen, was drin ist
Er hat es mir nicht verraten
Ich mußte die Zeit auf mich zukommen lassen
– mußte warten –

Es kamen zum Vorschein alte Geschichten
Von einigen werde ich jetzt berichten:

Es ging um Grenzen – loslassen können
Abwarten – beobachten und nicht gleich auf den andern
zurennen

Nicht nur immer von sich selbst aus urteilen und von sich
selbst aus denken
Auch mal in die Richtung des anderen schwenken
Dabei hilft nachfragen – feststellen – die Meinung des
anderen erfragen
Die Mimik und Gestik des anderen beobachten und nicht
ihn jagen
Nicht meinen, dem anderen unbedingt helfen zu müssen
Nicht meinen, alles besser zu wissen

Erst selbst wissen, was ich will – das macht mich frei
Dies deutlich machen für den andern
Läßt mich dann leichter auch auf den Wegen des andern
wandern

Beim Vergraben entdeckt werden macht äußerlich
schuldig
Manch anderer ist dabei nicht so geduldig
Und haut dazwischen – ob er es so meint –

Dinge verbuddeln und zudecken bringt nicht weiter

Sie tauchen zu gegebener Zeit immer wieder auf
Das scheint des Lebens Lauf

Aufdecken – verarbeiten – so annehmen wie es ist –
Dann wird der Koffer nicht so wchwer

Vielleicht gibt er den Koffer dann her
Und es passen ganz andere Dinge da hinein
Fein!

Auf in eine neue Welt

Das ist die Frage aller Fragen:
Soll ich außen herum, geradeaus oder durch die Mitte
Was ist Brauch oder Sitte?

Nicht diese Frage scheint zu gelten
Wenn ich auf die Reise will in neue Welten

Welches Bild habe ich für meinen Weg
Geht er über eine Brücke, über einen Steg
Ist er feucht, abschüssig, kantig, nass
Ist er trittfest, weich, geht er über Stein und Gras

Bin ich von außen nach innen geschützt
Getragen von weichem Boden
– ob mir der Weg was nützt –
– werde ich nur dahin geschoben –

Geht mein Weg geradeaus in eine feste Unterkunft
Oder woanders hin – folge ich meiner Vernunft -

Ich habe eine Vision:
Berge umschließen mein Haus wie Mauern eine Burg
Auf den Bergkuppen ist es kalt und dunkel
Darauf liegt leuchtend weiß der Schnee
Um in mein Haus zu kommen geht der Weg nur geradeaus
über die Wiese
Außen herum ist es dunkel und kalt
Das Licht spiegelt sich nur auf der Lichtung vor dem Haus
Der Weg zum Haus ist nicht vorgegeben
Auf der Wiese vor dem Haus wachsen Blumen – Leben –

Ich kann sie mir selbst aussuchen, meine neue Welt
Brauche dazu niemand von außen – kein Geld

Ich brauche nicht den steinigen, alt
ausgetretenen Weg gehen
Bin geschützt von außen – bleibe stehen
Und kann meine neue Welt genießen
Sehen wie die Blumen sprießen
Die neue Welt gehört mir

Weitwurf

Werf deine Sorgen über Bord
Für eine kleine Weile sind sie fort
Das gibt Dir Zeit Neues zu entdecken

Laß die Sorgen im Wasser schwimmen
Sie werden sich vielleicht aufbäumen -
In der Gischt aufschäumen
Und an den Felsen zerspringen
Sieh dabei zu es wird Dir gelingen

Nicht nur Menschen, auch Früchte können sich schützen
und verschließen
Jedoch auch Menschen kommen auf den Kern und wissen
ihn dann zu genießen

Drachenfrucht

Eine Drachenfrucht – welche Wucht –
Unheimlich sie von außen anzusehen
Wenn sie noch Stacheln hätte, würde ich nicht dran gehen

Von Natur aus hat sie Stacheln – sie wurden entfernt –
Bevor ich sie aufschneiden kann, um dranzukommen
An den leckeren Kern

Sei gescheiter – bleibe heiter

Manchmal habe ich gedacht
Das Leben gelebt und schon zu Ende
Doch das Leben geht weiter
Ich dachte – bleibe heiter
Dann geht schon alles seinen Weg
Auch ohne Halt und ohne Steg

Wo bleiben die Visionen
Sitzen die anderen alle auf ihren Thronen
Kommst du selbst noch da hoch hinauf
Ach was, hol einen Stuhl und setz dich drauf
Und sei zufrieden

Blicke zurück

Blicke zurück
Bleib nicht stehen
Laß andere, wenn sie wollen stehenbleiben oder weiter
gehen
Aus dem was du erfahren
In den ganzen Jahren
Hast du dazu gelernt
Die Bausteine in deinem Leben, die du gesammelt hast
– waren sie Freude oder auch manchmal Last –
Sind deine Bausteine für dein Haus
So gehe in deinem Haus in die verschiedensten Räume
Du wirst sie wieder finden die Bausteine, auch deine
Träume
Halt sie fest, laß sie nicht davon fliegen
Deine Erfahrungen, Bausteine und Träume kann dir
niemand wegnehmen – auch nicht verbiegen
Bewahre sie auf wie einen Schatz
Damit nicht Unbill erreicht seinen Platz

In dir selbst ruhen die Schätze
Vielleicht auch Du – greif zu!

Die Nuss

Aufgebrochen ist wieder die Nuss

Ich denke, ich behalte den Kern und es ist Schluß
mit alten Geschichten
Ich will nicht anderen von dem Neuen Umbruch berichten

Ich will ihn wieder einschließen den Kern
Ihn ins Verborgene geben
Ihn nicht wieder durch Neu erlebtes „pflegen"

Was hilft es – andere belasten – ihnen davon zu sagen

Vielleicht ist es dann leichter zu ertragen –
Wie denken andere darüber -
Wer kann mitgehen
und es einfach nur so zu sehen
ohne darüber zu urteilen -

Ich schließ ihn wieder ein den Kern

Will ihn ins Verborgene geben
Ihn nicht wieder durch Neu erlebtes „pflegen"

Worte

Worte heilen

Worte kommen an wie Stromschläge

Worte leiten

Worte vermitteln

Worte kommen an

Worte hallen nach

Worte verstärken durch Betonung

Durch Worte auf sich aufmerksam machen

Worte verbinden

Worte wecken auf

Worte klären

Worte trennen

Worte zeigen Grenzen auf

Worte verleiten

Worte prallen ab

Worte verletzen

Worte schützen

Stärke und Schwäche

Stärke und Schwäche gehören zusammen

Manchmal bedingen sich beide gleich

Ich b i n mit und ohne Stärke reich

Reich an Ideen – Träumen

Ich möchte auch nicht versäumen

Stärke, aber auch Schwächen zu ertragen

Schwächen zulassen ist oft schwer

Es kommen dann oft so viele Hindernisse daher

Bei Stärke werden die leicht übersehen

Aber auch jenen – den Hindernissen – sollt man

nachgehen

Und lernen sie zu überwinden

Um wieder stark zu werden

Engel

Engel sind Begleiter durchs Leben

Ob stark oder schwach, sie unterstützen und helfen nach

Ich kann sie bemerken

Wenn dies der Fall ist, dann fühle ich diese Verstärkung

Ich fühle mich frei, kann loslassen und abgeben

Vielleicht auch ab und zu mit den Engeln abheben

Der Kanal

Eine neue Erfahrung habe ich gemacht
Sie war mir einfach zugedacht
Zuerst habe ich los gelassen – und das, was auf mich
zukam angenommen
Ich habe eine Kraft gespürt – sie ist angekommen

Der Kanal, wodurch die Kraft kam, war nicht verstopft
Ich hab ihn vorher herausgedrückt – den Pfropf

Jetzt, wo der Kanal frei ist von Unzulänglichkeiten
Wird er mir keine Verstopfung mehr bereiten

Der Kanal ist frei – positive Gedanken fließen durch
Sie haben keine Möglichkeit mehr anzuecken
Der eine braucht sich nicht vor dem andern zu verstecken

Ein Hin und Her von Gedankenaustausch ist möglich von
beiden Seiten
Der Austausch ist offen – ohne auf den Aussagen vom
andern „herumzureiten"
Es gilt das Gesagte ohne Einschränkung
So hat das Gesagte wiederum die Möglichkeit der
weiteren Entwicklung

Zu sagen zu bekommen: Du bist stark...und weiter: du bist
autark
Das tut gut!

Langsam habe ich selbst den Mut dies zu glauben
Jetzt laß ich mir von keinem mehr mein Selbstbewußtsein
rauben
Ich denke weiter psoitiv und habe frohen Mut
Das tut gut!
Ich halte meinen Kanal frei von unnötigen Schrammen
Ich werde mich nicht mehr daran klammern

Der Kanal bleibt durchlässig und frei
I
Ich nehme das Leben so an wie es ist – und sei...

Ro l l enwechse l

Die Mitte der Jahre ist erreicht
So manche Alltäglichkeit, die sich so einschleicht
Die Arbeit – der Haushalt – es gibt immer was zu tun
Zeit für sich selber – zum Ausruhn?

Kinder gehen aus dem Haus – es kommen andere Sorgen
Zeit für mich selber – woher ausborgen

Es ist zur Gewohnheit geworden für andere da zu sein
Das Umfeld hat sich daran gewöhnt

Schön für die anderen – aber Zeit für mich selber -

Es ist Zeit für mich zum Tausch meiner Rolle
Zeit um mich zurückzuziehn auf meine eigene Scholle

Die Zeit für mich anderes einzuteilen und zu gestalten
Dazu habe ich nach der Hälfte meines Lebens das Recht
mich selbst zu verwalten

Es ist Zeit zum wechseln meiner Rolle
um mich zurückzuziehn auf meine eigene Scholle

Mein Leben ist schon immer in Bewegung

Lange Wege bin ich gegangen
Es hat damit doch schon früh angefangen
Mit 16 Jahren – in meiner spätpubertierenden Zeit
War ich eigentlich schon ganz schön weit

Die ersten Schritte zum Abnabeln bin ich gegangen
Habe damit angefangen
Andere zu suchen, die mich verstehen
Um mit mir die ersten Schritte nach draußen zu gehen

Danach landete ich für ein Jahr im Internat
Das wohl mehr spürbare Freiheit als zuhause gebracht hat

Behütet war ich weiterhin von mehreren Seiten
Da konnte ich mich schlecht weiter nach außen verbreiten

Musik war schon immer meine Welt
Andere haben sich nämlich dazu gesellt
Und miteinander zu musizieren war phänomenal
Es war damals die beste Wahl

Mit 18 meinte ich auf dem Weg Erwachsen zu sein
Bestätigt wurde mir dieser Wunsch als Schein
Ich durfte wenig in der Richtung ausprobieren
Ich könnte ja meine Jugend verlieren

Mit 21 wurde ich nach Paris geschickt
Da haben auf einmal die Uhren anders getickt
Ich habe endlich eine andere Alternative entdeckt
Die hat auch andere Gefühle in mir geweckt

Zurück von diesen herrlichen drei Wochen
Wieder in die heimelige Athmosphäre „zurückgekrochen"
War ich auf der Suche nach meinen eigenen Wünschen und
Fähigkeiten
Ich wollte und ging alleine – ohne andere Begleitung

Salzburg waren zwei Jahre meines Lebens
Die mich begleiteten – überhaupt nicht vergebens -
Ich schöpfte daraus mein ganzes Leben lang

Der Drang
Nach weiteren Abenteuern blieb bestehen
Ich wollte immer wieder andere und neue Wege gehen

Unsere Ehe dauert nun schon seit 35 Jahren
Wir hatten uns zwischendurch auch ein paar mal verfahren
Landeten aber immer wieder in einem Waggon

- Er fährt weiter -
Die Richtung ist klar
Er fährt uns nicht davon

Wir bleiben auch nicht am Bahnhof stehen

Wir werden unsere Wege weitergehen

Irgendwann habe ich gemerkt, daß mein Leben schon

immer in Bewegung wr

sogar räumlich

Bayern – Frankreich – Wuppertal – Österreich

Niedersachsen

Elisabeth Bartscher – aufgewachsen in Bayern
Erzieherin – Musikpädagogin
„Ausgewandert" nach Niedersachsen
Lebt dort seit 38 Jahren

Impressum

2010 Autor Elisabeth Bartscher
Herstellung und Verlag: Books on Demand GmbH,
Norderstedt

ISBN 9783839166857